DEVOIR – Leçon 1
Je suis étudiant.

氏名	
NOM Prénom (ローマ字表記)	

❶ 例にならって空欄をうめましょう．Complétez les phrases comme dans l'exemple.

Ex. : **Je** suis japonais.

a) _____ est italienne.
b) _____ ne sommes pas médecins.
c) _____ es chinois.
d) _____ n'est pas étudiant.
e) _____ sont chanteuses.
f) _____ n'êtes pas françaises.

❷ 男性形か女性形か選び，それぞれの欄に印をつけましょう．Cochez la bonne réponse.

		m.	f.			m.	f.
a)	Je suis anglais.	❏	❏	e)	Elles sont journalistes.	❏	❏
b)	Elle est professeur.	❏	❏	f)	Vous êtes américain ?	❏	❏
c)	Nous sommes japonaises.	❏	❏	g)	Tu n'es pas serveur.	❏	❏
d)	Il est médecin.	❏	❏	h)	Je ne suis pas italien.	❏	❏

❸ 単数形か複数形か選び，それぞれの欄に印をつけましょう．Cochez la bonne réponse.

		s.	pl.			s.	pl.
a)	Je suis chinois.	❏	❏	e)	Vous êtes serveurs ?	❏	❏
b)	Vous êtes journaliste ?	❏	❏	f)	Nous sommes anglais.	❏	❏
c)	Il s'appelle Léo.	❏	❏	g)	Tu es français.	❏	❏
d)	Ils sont japonais.	❏	❏	h)	Elles sont médecins.	❏	❏

❹ 質問と答を結びましょう．Associez la question et la réponse.

1 – Vous êtes françaises ?   a – Oui, c'est ça. Et elle s'appelle Jessica.
2 – Vous vous appelez comment ?   b – Non, je ne suis pas française.
3 – Elle est américaine ?   c – Oui, c'est ça. Et il est italien.
4 – Tu es coréen ?   d – Non, nous sommes anglaises.
5 – Tu es française ?   e – Non, je suis japonais.
6 – Il est professeur ?   f – Je m'appelle Lisa.

❺ 単語を並べ替えて文を作りましょう． Mettez les mots dans l'ordre pour former une phrase.

Ex. :　　est / il / japonais / n' / pas /
→ Il n'est pas japonais.

a) étudiants / ne / nous / pas / sommes
→ _____

b) appelle / bonjour / je / m' / Paul / ,
→ _____

c) je / médecin / oui / suis / ,
→ _____

d) appelez / comment / vous / vous / ?
→ _____

e) Anna / est / italienne / n' / pas
→ _____

❻ 例にならって文を作りましょう． Faites des phrases comme dans l'exemple.

Ex. :　　→ Je suis étudiante. (*f.*)

a) → Je _____ (*m.*)

b) → Tu _____ (*f.*)

c) → Il _____

d) → Nous _____ (*f.*)

e) → Vous _____ (*m. s.*)

f) → Elles _____

❼ 文を並べ替えて会話を作りましょう． Mettez le dialogue en ordre.

a) Enchanté. Tu es espagnole ?
b) Moi aussi, je suis italien !
c) Bonjour ! Je m'appelle Nino, et toi ?
d) Non, je suis italienne. Et toi ?
e) Moi, je m'appelle Sarah. Enchantée.

1	2	3	4	5

2

DEVOIR – Leçon 2
J'habite au Japon.

氏名
NOM Prénom
(ローマ字表記)

❶ 例にならって文を作りましょう．Faites des phrases comme dans l'exemple.

Ex. : Ken / Japon / Tokyo → Ken est japonais. Il habite au Japon, à Tokyo.
a) Alain / France / Lyon → _____
b) Anna / Italie / Rome → _____
c) James / États-Unis / Chicago → _____
d) Jessie / Angleterre / Londres → _____
e) Cho (*f.*) / Corée / Séoul → _____
f) Paolo / Espagne / Madrid → _____

❷ 例にならって文を作りましょう．Faites des phrases comme dans l'exemple.

Ex. : → J'étudie en Chine.
a) → Je _____ France.
b) → Tu _____ Japon.
c) → Il _____ Italie.
d) → Nous _____ États-Unis.
e) → Vous _____ Angleterre.
f) → Elles _____ Espagne.

❸ 否定文を作りましょう．Mettez les phrases à la forme négative.

Ex. : Je voyage en France. → Je **ne** voyage **pas** en France.
a) Il étudie à Kanazawa. → _____
b) Tu es français. → _____
c) Nous travaillons en Chine. → _____
d) Ils parlent anglais. → _____
e) J'habite en Espagne. → _____
f) Elle téléphone en Angleterre. → _____

❹ 例にならって質問と答の文を作りましょう． Faites des phrases comme dans l'exemple.

Ex. :　— Il étudie ?
　　　— Non, il n'étudie pas. Il téléphone.

a)　— Ils _____
　　— _____

b)　— Tu _____
　　— _____

c)　— Elles _____
　　— _____

❺ 例にならって疑問文を作りましょう． Faites des questions comme dans l'exemple.

Ex. :　→ Tu étudies ?
　　　→ Est-ce que tu étudies ?
　　　→ Étudies-tu ?

a)　→ Elle _____
　　→ _____
　　→ _____

b)　→ Vous _____
　　→ _____
　　→ _____

c)　→ Ils _____
　　→ _____
　　→ _____

d)　→ Tu _____
　　→ _____
　　→ _____

❻ 例にならって足し算の答を書きましょう． Écrivez en lettres le résultat de ces additions.

Ex. : deux + huit = **dix**

a) cinq + sept = _____
b) trois + onze = _____
c) dix + six = _____
d) seize + deux = _____

e) douze + sept = _____
f) quatre + deux = _____
g) quatorze + un = _____
h) huit + neuf = _____

DEVOIR – Leçon 3
J'ai 19 (dix-neuf) ans.

氏名
NOM Prénom
(ローマ字表記)

❶ 例にならって空欄をうめましょう．Complétez les phrases comme dans l'exemple.

Ex. : **Tu** as un frère.

a) _____ avons des enfants.
b) _____ ont 16 ans. (*m.*)
c) _____ ai une sœur.
d) _____ n'a pas de frère. (*f.*)
e) _____ avez 20 ans.
f) _____ as des enfants ?

❷ 例にならって文を書き換えましょう．Transformez les phrases comme dans l'exemple.

Ex. : J'ai un frère. Il a 12 ans.　　→ **Mon** frère a 12 ans.

a) Il a une sœur. Elle a 5 ans.　　→ _____
b) Nous avons un cousin. Il est chanteur.　→ _____
c) Vous avez un frère. Il a 26 ans.　→ _____
d) J'ai des cousins. Ils parlent anglais.　→ _____
e) Tu as une tante. Elle habite en Chine.　→ _____

❸ 例にならって文を書き換えましょう．Transformez les phrases comme dans l'exemple.

Ex. : Mon frère a 12 ans.　　→ **J'**ai un frère. **Il** a 12 ans.

a) Ma cousine est serveuse.　→ _____
b) Ton frère habite en Italie.　→ _____
c) Mon grand-père a 76 ans.　→ _____
d) Nos enfants sont musiciens.　→ _____
e) Sa sœur s'appelle Marie. (*m.*)　→ _____

❹ 否定文を作りましょう．Mettez les phrases à la forme négative.

Ex. : J'ai un frère.　　→ Je **n'**ai **pas** de frère.

a) Nous avons 20 ans.　→ _____
b) Ma sœur est japonaise.　→ _____
c) Ils voyagent en Chine.　→ _____
d) Vous êtes italiens.　→ _____
e) Tu as une sœur.　→ _____

❺ 主語を複数形にして文を作りましょう． Mettez les phrases au pluriel.

Ex. : J'ai un frère. → Nous avons des frères.

a) Tu es américain. → _____
b) Il étudie en Espagne. → _____
c) Ton frère est étudiant. → _____
d) Votre cousine est allemande. → _____
e) Elle a 30 ans. → _____

❻ 質問と答を結びましょう． Associez la question et la réponse.

1 – Il a quel âge ?   a – C'est mon frère. Il a 8 ans.
2 – C'est votre sœur ?   b – Non, c'est ma cousine.
3 – Qui est-ce ?   c – Ils sont comédiens.
4 – Quelle est sa nationalité ? d – Il a 16 ans.
5 – Quelle est leur profession ? e – Elle est coréenne.

❼ 例にならって足し算の答を書きましょう． Écrivez en lettres le résultat de ces additions.

Ex. : treize   + onze   = **vingt-quatre**

a) vingt-deux   + trente-trois = _____   e) quarante-six + sept   = _____
b) cinquante-sept + onze   = _____   f) dix-neuf   + treize = _____
c) dix-sept   + seize   = _____   g) quatre-vingts + vingt   = _____
d) soixante-cinq + vingt-huit   = _____   h) soixante   + seize   = _____

❽ 「大介のホストファミリー」の絵（教科書 103 ページ）を見て，リュシアンになったつもりで質問に答えましょう． Regardez le poster « La famille de Daisuke » (p. 103 de votre manuel). Vous êtes Lucien, répondez aux questions suivantes.

Ex. : Quel âge a ta mère ?   → Elle a 45 ans.

a) Comment s'appelle ta cousine ?   → _____
b) Ton père, quelle est sa profession ? → _____
c) Ton oncle, qui est-ce ?   → _____
d) Comment s'appelle ta grand-mère ? → _____
e) Qui a 71 ans ?   → _____
f) Ta tante est comédienne ?   → _____

DEVOIR – Leçon 4
J'adore la cuisine française !

氏名
NOM Prénom (ローマ字表記)

❶ 例にならって文を作りましょう． Faites des phrases comme dans l'exemple.

Ex. : + +   Il aime beaucoup la musique.

a) + + +   J' _____

b) + +   Tu _____

c) +   Il _____

d) –   Nous _____

e) – –   Vous _____

f) – – –   Elles _____

❷ 例にならって文を作りましょう． Faites des phrases comme dans l'exemple.

Ex. :   → J'aime bien le théâtre, mais je préfère le cinéma.

a)   → Éva _____

b)   → Tu _____

c)   → Daisuke _____

d)   → Nous _____

e)   → J' _____

❸ 質問と答を結びましょう． Associez la question et la réponse.

1 – Il aime la cuisine japonaise ?   a – Parce que c'est un sport ennuyeux.
2 – Pourquoi tu n'aimes pas le baseball ?   b – Parce qu'elle adore chanter.
3 – C'est bon ?   c – Parce qu'il travaille à Paris.
4 – Pourquoi est-ce qu'elle étudie la musique ?   d – Oui, j'adore la cuisine française !
5 – Pourquoi est-ce que vous aimez chanter ?   e – Oui, mais il préfère la cuisine chinoise.
6 – Pourquoi est-ce qu'il habite en France ?   f – Parce que mes parents sont musiciens.

❹ 次の文章を読み，質問に答えましょう． Lisez le texte et répondez aux questions.

> Bonjour !
> Je m'appelle Luis et j'ai dix-neuf ans. J'habite en Espagne. Ma mère est médecin et mon père ne travaille pas. J'ai une sœur : elle s'appelle Paulina, elle a vingt-trois ans et elle travaille en France. Elle est professeur d'espagnol à Paris. Moi, je suis étudiant à Madrid. J'étudie la musique parce que j'aime beaucoup chanter. J'aime aussi étudier les langues : je parle espagnol, allemand et français !

a) Quel âge a Luis ?
→ _____

b) Où habite-t-il ?
→ _____

c) Où étudie-t-il ?
→ _____

d) Pourquoi étudie-t-il la musique ?
→ _____

e) Quelles langues parle-t-il ?
→ _____

f) Quelle est la profession de son père ?
→ _____

g) Comment s'appelle sa sœur ?
→ _____

h) Où travaille-t-elle ?
→ _____

❺ ルイスの例にならって，あなたとあなたの家族を紹介する文章を書きましょう．
Sur le modèle de celui de Luis, écrivez un texte de présentation de votre famille et de vous.

Bonjour !
_____
_____
_____
_____
_____
_____
_____

DEVOIR – Leçon 5
Qu'est-ce que c'est ?

| 氏名 | |
| NOM Prénom (ローマ字表記) | |

❶ 例にならって文を作りましょう． Faites des phrases comme dans les exemples.

Ex. 1 : C'est un lit.   Ex. 2 : Ce sont des chaises.

a) _____   d) _____

b) _____   e) _____

c) _____   f) _____

❷ 例にならって文を作りましょう． Faites des phrases comme dans l'exemple.

Ex. :   → Les toilettes sont à côté de l'entrée.

a)   → _____

b)   → _____

c)   → _____

d)   → _____

❸ 質問と答を結びましょう． Associez la question et la réponse.

1 – Qu'est-ce que c'est ?   a – Elle est au bout du couloir, à droite.
2 – Où est la chambre ?   b – C'est un vase.
3 – Qu'est-ce qu'il y a dans le salon ? c – Elles sont sur la table.
4 – Jean, il est où ?   d – Il est dans le salon.
5 – Tes clés, elles sont où ?   e – Il y a une table, une étagère et une télévision.

❹ 例にならって単語を複数形にして文を作りましょう．Mettez les phrases au pluriel.

Ex. 1 : Il y a un lit à côté de la chaise.　　　　　→ Il y a des lits à côté des chaises.
Ex. 2 : La maison est derrière l'appartement. → Les maisons sont derrière les appartements.

a) Le portable est sur la table. → _____
b) Il y a un appartement dans la rue. → _____
c) Il y a une fleur dans le vase. → _____
d) La clé est sur l'étagère. → _____
e) L'ordinateur est à côté de la télévision. → _____
f) Il y a un jardin devant la maison. → _____

❺ 次の説明を読み，大介の家に部屋の名前を書き入れましょう．
　　À l'aide de cette description, nommez les différentes pièces de la maison de Daisuke.

Dans la maison de Daisuke, il y a une petite entrée. À gauche de l'entrée, il y a une cuisine. Et à droite, il y a les toilettes. Au bout du couloir, à gauche, il y a la chambre de Daisuke. Entre la chambre de Daisuke et la cuisine, il y a le salon. En face du salon, à côté des toilettes, il y a une petite salle de bains. À côté de la salle de bains, il y a la chambre de Lilah. Au bout du couloir, à droite, il y a la chambre de Lucien. Entre la chambre de Lucien et la chambre de Lilah, il y a la chambre de Carine et Philippe.

la cuisine	①	②
l'entrée	le couloir	
③	④	⑤	⑥	⑦

❻ 「ジャンヌの部屋」の絵（教科書 104 ページ）を見て，次の質問に答えましょう．
　　Regardez le poster « Chez Jeanne » (p. 104 de votre manuel) et répondez aux questions suivantes.

Ex. 1 : Qu'est-ce qu'il y a derrière l'ordinateur ?　→ Il y a un livre.
Ex. 2 : Où est le chat ?　　　　　　　　　　　　　　→ Il est sur le lit.

a) Qu'est-ce qu'il y a sous la table? → _____
b) Qu'est-ce qu'il y a sur le bureau ? → _____
c) Où est la fenêtre ? → _____
d) Où sont les fleurs ? → _____
e) Qu'est-ce qu'il y a à droite de l'étagère ? → _____
f) Qu'est-ce qu'il y a devant le vase ? → _____

DEVOIR – Leçon 6
Qu'est-ce qu'ils portent ?

氏名	
NOM Prénom (ローマ字表記)	

❶ 例にならって文を書き換えましょう．Transformez les phrases comme dans les exemples.

Ex. 1 : C'est une femme blonde. → Cette femme est blonde.
Ex. 2 : Ce chapeau est rouge → C'est un chapeau rouge.

a) Ce sont des chaussures noires. → _____
b) C'est un étudiant japonais. → _____
c) Cette femme est âgée. → _____
d) C'est un sport dangereux. → _____
e) C'est un garçon brun. → _____
f) Ces lunettes sont vertes. → _____

❷ 例にならって一つの文を作りましょう．Finissez les phrases comme dans les exemples.

Ex. 1 : Je porte une robe. Elle est jolie. → La robe **que** je porte est jolie.
Ex. 2 : Un homme porte des lunettes. Il est italien. → L'homme **qui** porte des lunettes est italien.

a) Il aime une femme. Elle est médecin. → La femme _____
b) Un garçon danse. Il est amusant. → Le garçon _____
c) Nous regardons un film. Il est ennuyeux. → Le film _____
d) Un homme chante. Il porte un chapeau. → L'homme _____
e) J'écoute une musique. Elle est jolie. → La musique _____
f) Un sac est sur la chaise. Il est à moi. → Le sac _____
g) Tu portes un pull. Il est rouge. → Le pull _____
h) Une fille porte un chapeau. Elle est jolie. → La fille _____

❸ 例にならって空欄をうめましょう．Complétez les phrases comme dans l'exemple.

Ex. : **Moi,** j'ai un frère.

a) _____ , nous avons des enfants.
b) _____ , ils sont jeunes.
c) _____ , tu n'aimes pas le baseball.
d) _____ , elle déteste habiter à la campagne.
e) _____ , il ne porte pas de manteau.
f) _____ , vous avez les cheveux courts.
g) _____ , elles sont étudiantes.
h) _____ , j'adore la musique coréenne.

❹ 例にならって文を書き換えましょう． Transformez les phrases comme dans l'exemple.

Ex. : Ces chaussures sont à lui. → Ce sont ses chaussures.

a) Ce chapeau est à moi. → _____
b) Cette chemise est à lui. → _____
c) Cet appartement est à elles. → _____
d) Ces clés sont à toi. → _____
e) Ce pantalon est à vous. → _____

❺ 例にならって文を書き換えましょう． Transformez les phrases comme dans l'exemple.

Ex. : Ce sont ses chaussures. → Ces chaussures sont à lui. (*m.*)

a) C'est ma veste. → _____
b) C'est votre maison. → _____
c) Ce sont nos vêtements. → _____
d) C'est son ordinateur. → _____ (*f.*)
e) Ce sont tes lunettes. → _____

❻ 質問と答を結びましょう． Associez la question et la réponse.

1 – À qui est cette robe ?　　　　　　a – Une veste rouge et un pantalon noir.
2 – Elle est comment, ta sœur ?　　　b – Elle est à ma sœur.
3 – Qu'est-ce qu'il porte ?　　　　　　c – Non, il est à mon frère.
4 – Jean, c'est qui ?　　　　　　　　d – Elle est grande et mince.
5 – Ce sac est à toi ?　　　　　　　　e – C'est le petit garçon blond qui porte un tee-shirt jaune.

❼ 「公園で」の絵（教科書 105 ページ）を見て，次の質問に答えましょう．
Regardez le poster « Dans le parc » (p. 105 du manuel) et répondez aux questions suivantes.

Ex. : Comment s'appelle la fille qui chante ?　　→ Elle s'appelle Lola.

a) Est-ce que Jules est brun ? → _____
b) Comment s'appelle l'homme âgé qui porte un chapeau ? → _____
c) Quelle est la couleur de la jupe d'Emma ? → _____
d) Alex, qu'est-ce qu'il porte ? → _____
e) Quelle est la couleur du pantalon du musicien ? → _____
f) Comment s'appelle le garçon qui étudie ? → _____

DEVOIR – Leçon 7
On y va comment ?

氏名	
NOM Prénom (ローマ字表記)	

❶ 例にならって文を作りましょう． Faites des phrases comme dans l'exemple.

Ex. : → Il vient de la gare.

a) → Je _____   d) → Nous _____

b) → Tu _____   e) → Vous _____

c) → Elle _____   f) → Ils _____

❷ 例にならって文を作りましょう． Faites des phrases comme dans l'exemple.

Ex. : → Elle prend la voiture.

a) → Je _____   d) → Nous _____

b) → Tu _____   e) → Vous _____

c) → Elle _____   f) → Ils _____

❸ 例にならって文を作りましょう． Faites des phrases comme dans l'exemple.

Ex.   → Je vais à la gare à pied.

a) → Elle _____

b)   → Tu _____

c) → Daisuke _____

d)   → Pierre et Jean _____

e) → Nous _____

❹ 質問と答を結びましょう． Associez la question et la réponse.

1 – Vous allez où ?　　　　　　　a – Je vais au restaurant.
2 – Il y va comment ?　　　　　　b – Je viens de la banque.
3 – Tu viens d'où ?　　　　　　　c – Non, on y va à pied.
4 – Tu ne prends pas le bus ?　　 d – En voiture.
5 – On va au restaurant ?　　　　 e – Non, je préfère prendre le train.
6 – On y va en bus ?　　　　　　 f – Oui, c'est une bonne idée.

❺ 会話を完成させましょう． Complétez le dialogue.

a) – Salut Enzo ! Tu viens _____ ?
b) – Je viens _____ supermarché. Et _____ ?
c) – Moi, je viens _____ gare. Et tu _____ où ?
d) – Je vais _____ université.
e) – Ah bon ? Moi aussi. On ___ va ensemble ?
f) – Oui, c'est une bonne idée. Mais _____ y va _____ ? À pied ?
g) – Ah non, je préfère prendre ____ bus.
h) – D'accord. On y va _____ bus.

❻ 次の質問に自由に答えましょう． Répondez librement aux questions suivantes.

a) En général, vous allez à l'université comment ?
_____

b) Est-ce que vous allez souvent au restaurant ?
_____

c) Est-ce que vous aimez prendre l'avion ?
_____

d) Quel est le moyen de transport que vous préférez ? Pourquoi ?
_____

e) Est-ce que vous avez une voiture ?
_____

f) Est-ce que vous avez un vélo ?
_____

DEVOIR – Leçon 8
Quel temps fait-il ?

氏名	
NOM Prénom (ローマ字表記)	

❶ 時刻を結びましょう． Associez les heures.

1) 5h22   a) sept heures et demie
2) 19h30   b) midi cinq
3) 8h40   c) quatre heures moins le quart
4) 12h05   d) neuf heures moins vingt
5) 15h45   e) quatre heures et quart
6) 4h15   f) cinq heures vingt-deux

❷ 例にならって時刻を表す文を書きましょう． Indiquez l'heure comme dans l'exemple.

	1. Heure officielle	2. Heure courante
Ex. : 21h45 →	Il est vingt-et-une heures quarante-cinq.	Il est dix heures moins le quart.
a) 9h30 →	_____	_____
b) 14h50 →	_____	_____
c) 10h45 →	_____	_____
d) 12h15 →	_____	_____
e) 0h40 →	_____	_____
f) 23h55 →	_____	_____

❸ 例にならって日付を表す文を書きましょう． Indiquez la date comme dans l'exemple.

	jours 1 → 7	1 → 31	mois 1 → 12	Aujourd'hui, quelle est la date ?
Ex. :	1	4	8	→ Nous sommes le lundi 4 août.
a)	4	21	12	→ _____
b)	7	10	1	→ _____
c)	5	2	4	→ _____
d)	2	28	7	→ _____
e)	6	5	10	→ _____
f)	3	30	6	→ _____

❹ 次の文が答となるような質問を作りましょう． Trouvez les questions.

Ex. : – Quel sport est-ce que tu aimes ? – J'aime le tennis.
a) – _____ – Nous sommes le mardi 7 octobre.
b) – _____ – Il est dix heures cinquante.
c) – _____ – Il y a des nuages.
d) – _____ – Il fait 25 degrés.
e) – _____ – La saison que je préfère, c'est l'été.
f) – _____ – Mon anniversaire, c'est le 18 avril.

❺ 天気の地図（教科書 47 ページ）を見て，次の質問に答えましょう．
Regardez la carte météo du manuel (p. 47) et répondez aux questions suivantes.

Ex. 1 : Quel temps fait-il à Nantes ? → Il y a des nuages.
Ex. 2 : Quelle température fait-il à Lyon ? → Il fait 6 degrés.

a) Quel temps fait-il à Lille ? → _____
b) Quel temps fait-il à Marseille ? → _____
c) Quelle température fait-il à Toulouse ? → _____
d) Quelle température fait-il à Paris ? → _____
e) Quel temps fait-il à Strasbourg ? → _____
f) Quelle température fait-il à Bordeaux ? → _____

❻ あなたの出身地の気候を説明しましょう． Décrivez le climat de votre région natale.

_____
_____
_____
_____
_____
_____
_____
_____
_____

DEVOIR – Leçon 9
Je bois du café.

氏名
NOM Prénom
(ローマ字表記)

❶ 例にならって文を作りましょう． Faites des phrases comme dans l'exemple.

Ex. : 　+　→ Il boit souvent de l'eau.

a) 　++　→ Je _____

b) 　+　→ Tu _____

c) 　− +　→ Il _____

d) 　−　→ Nous _____

e) 　− −　→ Vous _____

f) 　++　→ Elles _____

❷ 例にならって文を作りましょう． Faites des phrases comme dans l'exemple.

Ex. : 　→ Je mange du pain, mais je ne mange pas de riz.

a) 　→ Éva _____

b) 　→ Tu _____

c) 　→ Daisuke _____

d) 　→ Ma sœur _____

❸ 質問と答を結びましょう． Associez la question et la réponse.

1 − Vous mangez souvent de la viande ?　　　a − Il mange du pain et il boit du jus d'orange.
2 − Tu aimes le poisson ?　　　b − Oui, j'adore la viande.
3 − Qu'est-ce qu'il prend au petit déjeuner ?　　　c − Oui, j'en mange parfois au dîner.
4 − Elle boit souvent du lait ?　　　d − Oui, il prend toujours une banane le matin.
5 − Combien coûte ce fromage ?　　　e − Non, elle n'en boit jamais.
6 − Il mange des fruits ?　　　f − Il coûte 15 euros le kilo.

❹ 文を並べ替えて会話を作りましょう． Mettez le dialogue en ordre.

a) Voilà vos tomates, monsieur.
b) Merci monsieur. Bonne journée !
c) Ça fait 3 euros, s'il vous plaît.
d) Bonjour madame. Un kilo de tomates, s'il vous plaît.
e) Voilà. Merci. Au revoir, madame.
f) Merci. Combien ça coûte ?

1	2	3	4	5	6

❺ 会話を完成させましょう． Complétez le dialogue.

a) – Qu'est-ce que tu _____ en général au petit déjeuner ?
b) – En général, je mange ___ pain et ___ banane. Et je bois ___ lait. Et toi ?
c) – Moi aussi, je _____ du pain, mais je ne mange pas ____ banane.
d) – Ah bon ? Qu'est-ce que tu _____ alors ? ____ fromage ?
e) – Oui, j' ____ mange parfois, mais je préfère prendre ___ œuf.
f) – Et qu'est-ce que tu _____ ? ____ café ?
g) – Non, je déteste ___ café. En général, je bois _____ jus d'orange.

❻ 次の質問に自由に答えましょう． Répondez librement aux questions suivantes.

a) En général, qu'est-ce que vous mangez au petit déjeuner ?
   _____

b) En général, qu'est-ce que vous buvez au petit déjeuner ?
   _____

c) Au déjeuner, vous mangez souvent de la viande ?
   _____

d) Au déjeuner, qu'est-ce que vous buvez ?
   _____

e) Au dîner, est-ce que vous buvez parfois du vin ?
   _____

f) En général, est-ce que vous mangez souvent des légumes ?
   _____

g) Quel est votre aliment préféré ?
   _____

DEVOIR – Leçon 10
Je m'amuse.

❶ 例にならって文を作りましょう． Faites des phrases comme dans l'exemple.

Ex. :   − + → Il se repose parfois.

a)   + + → Je _____

b)   − + → Tu _____

c)   + → Il _____

d)   − → Nous _____

e)   + + → Vous _____

f)   − − → Elles _____

❷ 例にならって文を作りましょう． Faites des phrases comme dans l'exemple.

Ex. :   → Je fais du football.

a)   → Je _____   d)   → Nous _____

b)   → Tu _____   e)   → Vous _____

c)   → Elle _____   f)   → Ils _____

❸ 例にならって足し算の答を書きましょう． Écrivez en lettres le résultat de ces additions.

Ex. : cent-vingt   + deux-cent-dix-huit   = **trois-cent-trente-huit**

a) quatre-cent-cinquante-trois + trois-cent-quarante   = _____
b) huit-cent-quatorze   + cinq-cent-vingt-huit = _____
c) mille-six-cent-trente-deux + sept-cent-cinq   = _____
d) neuf-cent-soixante-dix   + mille-trois-cent-onze = _____
e) trois-mille-quatre-vingts   + onze-mille-cent-un   = _____
f) dix-neuf-mille   + vingt-cinq-mille   = _____

❹ 「大介の一日」の絵（教科書 106 ページ）を見て，次の質問に答えましょう．
Regardez le poster « La journée de Daisuke » (p. 106 du manuel) et répondez aux questions suivantes.

Ex. : À quelle heure est-ce que Daisuke se lève ? → Il se lève à sept heures.

a) Qu'est-ce qu'il fait à huit heures ? → _____

b) Le matin, à quelle heure est-ce qu'il prend le bus ? →_____

c) Qu'est-ce qu'il fait à treize heures ? →_____

d) Le soir, est-ce qu'il fait la cuisine ? →_____

e) À quelle heure est-ce qu'il se couche ? →_____

❺ 次の表を見て，テオの週末の時間の使い方について質問に答えましょう．
Regardez le tableau et répondez aux questions sur l'emploi du temps de Théo.

a) Quand est-ce qu'il fait les courses ?

→_____

b) Le samedi soir, qu'est-ce qu'il fait ?

→_____

c) Quand est-ce qu'il lit le journal ?

→_____

d) Le dimanche après-midi, qu'est-ce qu'il fait ?

→_____

e) Le samedi soir, est-ce qu'il fait la cuisine ? →_____

❻ いつも週末に何をしているか詳しく書きましょう．
Décrivez dans le détail ce que vous faites en général pendant le week-end.

_____
_____
_____
_____
_____
_____
_____

DEVOIR – Leçon 11
J'ai fait les courses.

氏名
NOM Prénom
(ローマ字表記)

❶ 例にならって文を作りましょう．Faites des phrases comme dans l'exemple.

Ex. :　　　　J'ai étudié.

a)　　　　J' _____　　d)　　　　Nous _____

b)　　　　Tu _____　　e)　　　　Vous _____

c)　　　　Elle _____　　f)　　　　Ils _____

❷ 例にならって文を作りましょう．Faites des phrases comme dans l'exemple.

Ex. :　　　　(– 1 jour)　　J'ai fait les courses hier.

a)　　　　(– 2 semaines)　　J' _____

b)　　　　(– 2 jours)　　Tu _____

c)　　　　(– 3 jours)　　Il _____

d)　　　　(– 1 an)　　Nous _____

e)　　　　(– 1 mois)　　Vous _____

f)　　　　(– 1 semaine)　　Elles _____

❸ 次の文が現在形の場合は Présent に，過去形の場合は Passé に印をつけましょう．
Cochez la bonne réponse.

		Présent	Passé
a)	Je fais souvent les courses.	❏	❏
b)	Vous avez été journaliste ?	❏	❏
c)	Il se repose dans le salon.	❏	❏
d)	Ils ont pris l'avion ce matin.	❏	❏
e)	Tu déjeunes avec elle ce soir ?	❏	❏
f)	Nous avons eu un examen difficile.	❏	❏

❹ 質問と答を結びましょう． Associez la question et la réponse.

1 – Vous avez fait du sport hier ?
2 – Tu as déjeuné au restaurant ce midi ?
3 – Qu'est-ce que tu as mangé ce matin ?
4 – Qui a fait les courses ?
5 – Vous avez dîné où hier soir ?
6 – Qui a bu mon café ?

a – J'ai pris du riz et de la soupe de miso.
b – Ce n'est pas moi. J'ai pris du thé.
c – Oui, j'ai fait du tennis avec mes amis.
d – Nous avons mangé dans un restaurant japonais.
e – C'est Paul. Il a acheté du café.
f – Oui, j'ai mangé du poisson avec des légumes.

❺ 文を並べ替えて会話を作りましょう． Mettez le dialogue en ordre.

a) Hier, j'ai visité le musée du Louvre avec une amie.
b) Oui, c'était intéressant. Et ensuite, nous avons déjeuné dans un restaurant chinois.
c) Moi aussi, j'ai dîné au restaurant. Avec des amis espagnols…
d) Qu'est-ce que tu as fait hier ?
e) Oui, j'ai étudié en Espagne il y a deux ans…
f) Non, ce n'était pas très bon… Et toi, qu'est-ce que tu as fait ?
g) C'était bon ?
h) Ah bon ! Tu as des amis espagnols ?
i) C'était bien ?

1	2	3	4	5	6	7	8	9

❻ 単語を並べ替えて文を作りましょう． Mettez les mots dans l'ordre pour former une phrase.

Ex. : ai / au / hier / j' / mangé / restaurant / soir / ,

→ Hier soir, j'ai mangé au restaurant.

a) a / deux / en / France / il / il y a / semaines / voyagé / ,

→ _____

b) ai / fait / hier / je / le / ménage / n' / pas / ,

→ _____

c) a / avion / dernière / elle / l' / la / pris / semaine / ,

→ _____

d) avons / en / Espagne / jamais / n' / nous / travaillé

→ _____

e) a / deux / en / été / il / il y a / Italie / mois / serveur / ,

→ _____

DEVOIR – Leçon 12
Je suis allé à la mer !

氏名
NOM Prénom
(ローマ字表記)

❶ 反対の意味を表す動詞を結びましょう． Associez les verbes de sens contraire.

1) travailler   a) aller
2) entrer   b) arriver
3) descendre   c) se lever
4) partir   d) commencer
5) naître   e) se reposer
6) finir   f) monter
7) venir   g) sortir
8) se coucher   h) mourir

❷ 次の動詞のうち，複合過去形を作る時に助動詞 avoir をとる動詞を a)に，助動詞 être をとる動詞を b)に書き入れましょう． Indiquez lesquels de ces verbes se conjuguent au passé composé avec *avoir* et lesquels se conjuguent avec *être*.

aller	manger	se laver	sortir	partir
chanter	venir	entrer	arriver	avoir
boire	prendre	monter	être	mourir
se promener	faire	Lire	écrire	écouter

a) **avoir** : _____

_____

b) **être** : _____

_____

❸ 不定詞と過去分詞を結びましょう． Associez l'infinitif et le participe passé.

1) partir   a) eu
2) avoir   b) venu
3) dormir   c) parti
4) boire   d) né
5) naître   e) pris
6) être   f) été
7) venir   g) bu
8) prendre   h) dormi

❹ 次の文が答となるような質問を作りましょう． Trouvez des questions possibles.

Ex. : – Qu'est-ce que tu as fait hier ?
– Hier, je suis allée au cinéma.

a) – _____
– Nous sommes rentrées à minuit.

b) – _____
– J'y suis resté pendant 3 mois.

c) – _____
– Elle est arrivée la semaine dernière.

d) – _____
– Ils ont travaillé jusqu'à vingt heures.

e) – _____
– Je suis en France depuis un mois.

❺ 「大介の一日」の絵（教科書 106 ページ）を見て，次の質問に答えましょう．
Regardez le poster « La journée de Daisuke » (p. 106 du manuel) et répondez aux questions suivantes.

Ex. : À quelle heure est-ce que Daisuke s'est levé ? → Il s'est levé à sept heures.

a) Qu'est-ce qu'il a fait à huit heures trente-cinq ? → _____
b) À quelle heure est-ce qu'il est arrivé à l'université ? → _____
c) Le matin, il a pris un cours de quoi ? → _____
d) À quelle heure est-ce qu'il est rentré chez lui ? → _____
e) Est-ce qu'il s'est couché à minuit ? → _____

❻ 先週末に何をしたか詳しく書きましょう． Décrivez ce que vous avez fait pendant le week-end dernier.

_____
_____
_____
_____
_____
_____
_____
_____

DEVOIR – Leçon 13
J'habitais à Nagano.

氏名
NOM Prénom (ローマ字表記)

❶ 例にならって文を作りましょう．Faites des phrases comme dans l'exemple.

Ex. :   +   → Avant, je mangeais souvent du gâteau.

a)   + +   → Avant, je _____

b)   +   → Avant, tu _____

c)   – +   → Avant, il _____

d)   –   → Avant, nous _____

e)   – –   → Avant, vous _____

f)   + +   → Avant, elles _____

❷ 今までに学んだ代名詞の中から適切なものを使い、質問に答えましょう．
Répondez aux questions en utilisant le pronom qui convient.

Ex. : Tu manges souvent au restaurant ?   → Oui, j'**y** mange souvent.

a) Il fait souvent le ménage ?   → Non, _____
b) Elle téléphone parfois à ses parents ?   → Oui, _____
c) Tu vas au théâtre ce soir ?   → Non, _____
d) Le soir, est-ce qu'il fait la cuisine ?   → Non, _____
e) Vous faites du tennis ? (**s.**)   → Oui, _____
f) Tu écris souvent des emails ?   → Non, _____

❸ 例にならって文を作りましょう．Faites des phrases comme dans l'exemple.

Ex. :   → Il faisait souvent du tennis, mais maintenant, il n'en fait plus.

a)   → Éva _____

b)   → Vous _____

c)   → Mes parents _____

d)   → Max _____

❹ インタビューの答に対応する質問を作りましょう． Trouvez les questions de l'interview.

a) – _____
   – Quand j'étais enfant, j'habitais en France, à côté de Paris.
b) – _____
   – Ma mère était professeur et mon père était journaliste.
c) – _____
   – Oui, j'avais beaucoup d'amis.
d) – _____
   – J'aimais beaucoup écouter de la musique, faire du sport et jouer avec mes amis.
e) – _____
   – J'écoutais du rock et de la pop.
f) – _____
   – Je faisais du football et du tennis.
g) – _____
   – Non, maintenant, je n'en fais plus. Mais j'aime bien regarder le football à la télé.

❺ 次のそれぞれの時期に，どこに住み何をしていたか，何が好きだったかなどを書きましょう．
Dites où vous habitiez, ce que vous aimiez, ce que vous faisiez, etc. quand vous étiez enfant.

Quand j'étais écolier(ère), _____
_____
_____
_____
_____

Quand j'étais collégien(ne), _____
_____
_____
_____
_____

Quand j'étais lycéen(ne), _____
_____
_____
_____
_____

DEVOIR – Leçon 14
Je dois étudier.

氏名
NOM Prénom (ローマ字表記)

❶ 例にならって文を作りましょう．Faites des phrases comme dans l'exemple.

Ex. :   → Je veux faire du tennis, mais je ne peux pas ; je dois étudier.

a)   → Je _____

b)   → Tu _____

c)   → Il _____

d)   → Nous _____

e)   → Vous _____

f) → Elles _____

❷ 例にならって質問と答の文を作りましょう．Faites des phrases comme dans l'exemple.

Ex. : →
— Est-ce que je peux manger du gâteau ?
— Non, n'en mange pas. Mange des fruits.

a) →
— _____
— _____

b)
— _____
— _____

c) →
— _____
— _____

❸ 質問と答を結びましょう．Associez la question et la réponse.

1 — Est-ce que tu veux du café ?   a — Je veux me reposer et lire un peu.
2 — Pardon, est-ce que je peux entrer ?   b — Non, désolé, je fais le ménage.
3 — Tu viens au restaurant avec nous ?   c — Oui, j'en veux bien. Merci.
4 — Qu'est-ce que tu veux faire aujourd'hui ? d — Non, prends le bus.
5 — Est-ce que je peux y aller à pied ?   e — Non, je préfère manger chez moi ce soir.
6 — Vous devez rester ici ?   f — Non, nous pouvons sortir.

❹ 文を並べ替えて会話を作りましょう． Mettez le dialogue en ordre.

a) C'étaient les vacances. Mais demain, il y a cours ; donc, tu dois te coucher tôt.
b) Mais je me suis déjà lavé avant de dîner !
c) Non, tu ne peux pas. Il est 20h30 ; tu dois te coucher.
d) Oui, mais pas longtemps. Et lave-toi avant de dormir !
e) Maman, est-ce que je peux regarder un film ?
f) Chez Papi et Mamie, je me couchais à 22h00 !
g) Ah oui, c'est vrai… Allez, bonne nuit !
h) D'accord… Est-ce que je peux lire un peu ?
i) Bonne nuit, maman.

1	2	3	4	5	6	7	8	9

❺ 次の文が答となるような質問を作りましょう． Trouvez les questions.

Ex. : – Pourquoi est-ce que tu vas à l'université ?
　　　– Pour étudier.

a) – _____
　　– Pour acheter du pain.

b) – _____
　　– Pour me reposer.

c) – _____
　　– Pour pouvoir parler avec ses amis italiens.

d) – _____
　　– Pour être en forme.

e) – _____
　　– Pour faire du ski.

❻ 次の質問に自由に答えましょう． Répondez librement aux questions suivantes.

a) Pourquoi est-ce que vous étudiez le français ?
_____

b) Qu'est-ce que vous voulez faire l'été prochain ?
_____

c) Quelles langues est-ce que vous pouvez parler ?
_____

d) Pour pouvoir bien parler français, qu'est-ce que vous devez faire ?
_____

DEVOIR – Leçon 15
J'irai à la mer.

氏名 / NOM Prénom (ローマ字表記)

❶ 例にならって文を作りましょう．Faites des phrases comme dans l'exemple.

Ex. :   → D'abord, je vais faire du tennis, et ensuite, j'étudierai.

a)   → D'abord, je _____

b)   → D'abord, tu _____

c)   → D'abord, il _____

d)   → D'abord, nous _____

e)   → D'abord, vous _____

f)   → D'abord, elles _____

❷ 例にならって文を作りましょう．Faites des phrases comme dans l'exemple.

Ex. : (je) → S'il fait beau, je ne porterai pas de pull.

a)   (tu) → _____

b)   (il) → _____

c)   (nous) → _____

d)   (vous) → _____

e)   (elles) → _____

❸ 質問と答を結びましょう．Associez la question et la réponse.

1 – Qu'est-ce qu'on fera demain ?　　　　　　a – Oui, si j'ai le temps, j'irai au supermarché.
2 – L'année prochaine, tu habiteras ici ?　　　b – Oui, s'il fait beau…
3 – Tu feras les courses demain ?　　　　　　c – Si j'ai de l'argent, je partirai dans deux mois.
4 – Tu iras quand en France ?　　　　　　　　d – Oui, j'aime bien cette ville.
5 – Qu'est-ce que tu vas faire ce soir ?　　　　e – S'il fait beau, on ira se promener.
6 – Ils iront à la mer la semaine prochaine ?　 f – Je vais me reposer.

❹ 文を並べ替えて会話を作りましょう．　Mettez le dialogue en ordre.

a) Et qu'est-ce que vous allez faire là-bas ?
b) Oui, très bien. J'ai fini les cours et je pars en vacances demain.
c) D'accord. Je te téléphonerai. Bonnes vacances !
d) Moi ? Je vais travailler comme serveur dans un restaurant.
e) Je vais aller en Espagne avec une amie.
f) Si je gagne assez d'argent, je voyagerai peut-être en Italie, en août.
g) Allô ! Lucie, c'est Paul. Tu vas bien ?
h) Merci, à toi aussi.
i) Tu ne vas pas partir en vacances ?
j) Alors, on pourra peut-être se voir en septembre ?
k) Ah bon ? Tu vas voyager où ?
l) On va se reposer. Et s'il fait beau, on ira peut-être à la mer. Et toi ?

1	2	3	4	5	6	7	8	9	10	11	12

❺ 単語を並べ替えて文を作りましょう．　Mettez les mots dans l'ordre pour former une phrase.

a) Angleterre / année / en / je / l' / prochaine / travaillerai / ,

→ _____

b) amis / au / avec / ce / des / dîner / je / restaurant / soir / vais / ,

→ _____

c) anglais / aurons / examen / dans / d' / deux / jours / nous / un / ,

→ _____

d) chez / il / je / pleut / moi / resterai / s' / ,

→ _____

❻ 次の休暇に何をするつもりか詳しく書きましょう．
Écrivez dans le détail ce que vous ferez durant les prochaines vacances.

_____
_____
_____
_____
_____
_____

DEVOIR – Leçon 16
Je voudrais voyager.

氏名
NOM Prénom
(ローマ字表記)

❶ 例にならって文を作りましょう． Faites des phrases comme dans l'exemple.

Ex. : → Il aimerait manger du pain.

a) → J'_____

b) → Tu _____

c) → Il _____

d) → Nous _____

e) → Vous _____

f) → Elles _____

❷ 例にならって文を作りましょう． Faites des phrases comme dans l'exemple.

Ex. : → Je fais rarement du tennis, mais si j'avais le temps, j'en ferais souvent.

a) → Lilah _____

b) → Vous _____

c) → Mes parents _____

d) → Max _____

❸ 質問と答を結びましょう． Associez la question et la réponse.

1 – Qu'est-ce que tu voudrais faire plus tard ?   a – Oui, si j'avais assez d'argent…
2 – Tu as de l'argent ?   b – Non, je resterais à la maison.
3 – Tu aimerais aller en France ?   c – Je voudrais être chanteur.
4 – Est-ce que je pourrais avoir de l'eau ?   d – Non, mais si j'en avais, je ferais le ménage.
5 – S'il pleuvait, tu irais te promener ?   e – Oui, tenez.
6 – Tu as du temps ?   f – Non, mais si j'en avais, j'achèterais une voiture.

31

❹ 次の文が表の内容に一致している場合は vrai に，間違っている場合は faux に印をつけましょう．文が間違っている場合は訂正してください． Regardez le tableau et cochez la bonne réponse. Lorsque la phrase est fausse, corrigez-la.

	Lucie	Marc	Lola	Théo
Âge	37 ans	46 ans	27 ans	27 ans
Taille	1,75 m.	1,80 m.	1,70 m.	1,75 m.
Travail	40h/sem.	35h/sem.	40h/sem.	20h/sem.
Salaire	2300€/mois	2500€/mois	2500€/mois	1300€/mois
Famille	3 enfants	2 enfants	1 enfant	2 enfants

                                            vrai faux

Ex. : Marc est plus jeune que Lucie. ☐ ☑ Marc est plus âgé que Lucie.

a) Lola travaille plus que Marc. ☐ ☐ _____

b) Théo a autant d'enfants que Marc. ☐ ☐ _____

c) Théo est plus grand que Lucie. ☐ ☐ _____

d) Marc travaille plus que Lucie. ☐ ☐ _____

e) Lola est plus âgée que Théo. ☐ ☐ _____

f) Lola gagne moins d'argent que Marc. ☐ ☐ _____

❺ 次の質問に自由に答えましょう． Répondez librement aux questions suivantes.

a) Qu'est-ce que vous aimeriez faire plus tard ?
_____

b) Où aimeriez-vous habiter dans dix ans ? Pourquoi ?
_____

c) Si vous aviez plus de temps libre, qu'aimeriez-vous faire ?
_____

d) Si vous aviez un an de vacances, que feriez-vous ?
_____

e) Si vous aviez beaucoup d'argent, qu'en feriez-vous ?
_____

f) Si vous alliez en France, que visiteriez-vous ? Pourquoi ?
_____

フラッシュ！ 練習帳

Emmanuel Antier
三 上 純 子　　著
Michel Sagaz

2015.3.1 初版発行
2017.3.1 2刷発行

発行者　井 田 洋 二

〒101-0062 東京都千代田区神田駿河台3の7
発行所　電話　03(3291)1676 FAX 03(3291)1675
　　　　振替　00190-3-56669

株式会社　駿河台出版社

製版・印刷・製本　フォレスト
ISBN978-4-411-01349-1　C1085

http://www.e-surugadai.com

ISBN978-4-411-01349-1
C1085 ¥500E

駿河台出版社
定価（本体500円＋税）

208
M LIBRARY

現金輸送車物語
―タブーとなったマニ34・30形―

和田 洋

NEKO PUBLISHING

現金輸送車物語
―タブーとなったマニ34・30形―

はじめに	2
1. なぜ紙幣は運ばれるか	4
2. マニ車への乗り組み　日銀関係者からの聞き書き	5
3. 運用、配置の特徴	8
4. 難航する専用荷物車の構想	16
5. マニ34の新製	16
6. 寝台を座席に　第1次改造（1954年）	23
7. 電気暖房の取り付け（1959年）	25
8. 荷物室の安全強化　第2次改造（1961年）	25
9. 冷房化と自車電源装備　第3次改造（1965年）	27
10. 形式変更でマニ30に　タブーの始まり（1970年）	31
11. ブレーキ方式の変更　20系との併結（1976年）	34
12. 2次車への置き換え　30年ぶりの刷新（1978年）	35
13. JR貨物への移管　コンテナ列車での運行（1987年）	39
14. 現金輸送の廃止（2003年度）	43
15. 小樽での保存　思惑のからまる転籍	44
16. 保守と検修・改造　日銀と国鉄の契約	45
コラム　紙幣と硬貨の違い	4
貨車による現送　劣悪だった環境	17
悔恨のマニ30　名取紀之	33
あとがき	48

表紙写真：北村増紹（2001年3月8日　大歩危―小歩危）

RM LIBRARY 208

小樽市総合博物館に保存されているマニ30 2012の車内。紙幣はコンテナに収納され積み込まれた。
2016.5.22　P：和田　洋